एहसास (क़भी ख़ुशी कभी ग़म के)

सुकृति सिंह

क्रम-सूची

पुस्तक विवरण

ये किताब एहसास, भावनाओं, feeling के बारे में है। अक्सर ऐसा होता है, जो हम सामने वाले से कहना चाहतें हैं खुलकर नही बोल पाते । कुछ बातें हमारे दिल में ही रहती हैं। इस किताब में उन भावनाओं का ज़िक्र है, जो हमें अपनी feelings को दूसरे लोगों को समझाने में मदद करेगी। ये किताब specially उन लोगों के लिए है, जो किसी भी रिस्ते को लेकर बहुत ज्यादा emotional हो जाते हैं। उनके मन में बहोत कुछ चल रहा होता है लेकिन वो अपनी बात किसी को बता नही पाते। इस किताब के माध्यम से उन्हें वो आत्मशक्ति मिलेगी जो उन्हें अपने feelings को control करने और अपनेआप को जानने में मदद करेगी ।

हर सम्त अँधेरा

जिंदगी की किस मोड़ पर,
खड़ी हूँ मैं।
चारों ओर छाया,
हर सम्त अँधेरा है।।

ना जाने क्यों थोड़ी सहमी,
थोड़ी डरी हूँ मैं।
पूछूं किस से यहाँ,
कब होना खुशियों का सवेरा है ?

किसे बताऊँ किसकी तलाश में,
चली हूँ मैं ।
क्या पता यहाँ किस चेहरे में छुपा,
दुश्मन का चेहरा है।।

मेरी दुनिया
(कविता)

मेरी दुनियाँ हैं,
मेरी ये डायरी।
इनसे ही बाँटती हूँ,
मैं अपनी बातें सारी।।

कभी ख़ुशी के कुछ पल,
लिखती हूँ।
कभी ग़म के काले बादलों का,
ज़िक्र करती हूँ।।

मेरे दिल के सबसे क़रीब है,
मेरी डायरी।
मैं अपनी इस दुनियाँ में,
खोई खोई हर वक़्त रहती हूँ।

मैं सबसे दूर होती जा रही हूँ,
अब धीरे-धीरे।
और अपनी डायरी की दुनियाँ से,
और भी क़रीब हो रही हूँ।।

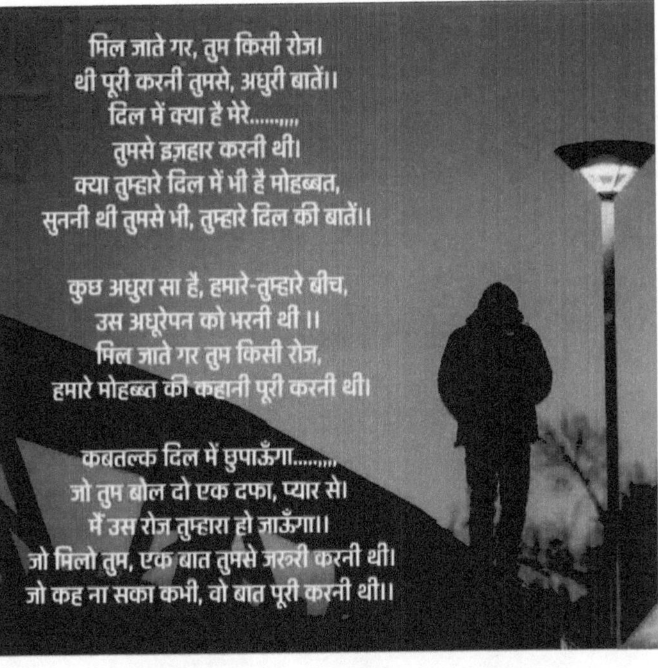

मिल जाते गर, तुम किसी रोज।
थी पूरी करनी तुमसे, अधुरी बातें।।
दिल में क्या है मेरे..........,,,,
तुमसे इज़हार करनी थी।
क्या तुम्हारे दिल में भी है मोहब्बत,
सुननी थी तुमसे भी, तुम्हारे दिल की बातें।।

कुछ अधुरा सा हैं, हमारे-तुम्हारे बीच,
उस अधूरेपन को भरनी थी ।।
मिल जाते गर तुम किसी रोज,
हमारे मोहब्बत की कहानी पूरी करनी थी।

कबतल्क दिल में छुपाऊँगा......,,,,
जो तुम बोल दो एक दफा, प्यार से।
मैं उस रोज तुम्हारा हो जाऊँगा।।
जो मिलो तुम, एक बात तुमसे जरूरी करनी थी।
जो कह ना सका कभी, वो बात पूरी करनी थी।।

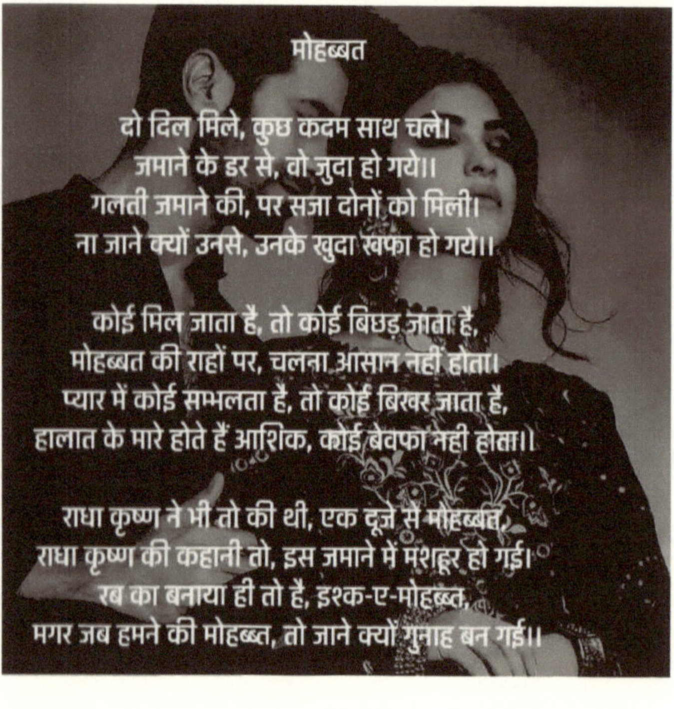

मोहब्बत

दो दिल मिले, कुछ कदम साथ चले।
जमाने के डर से, वो जुदा हो गये।।
गलती जमाने की, पर सजा दोनों को मिली।
ना जाने क्यों उनसे, उनके खुदा खफा हो गये।।

कोई मिल जाता है, तो कोई बिछड़ जाता है,
मोहब्बत की राहों पर, चलना आसान नहीं होता।
प्यार में कोई सम्भलता है, तो कोई बिखर जाता है,
हालात के मारे होते हैं आशिक, कोई बेवफा नही होता।।

राधा कृष्ण ने भी तो की थी, एक दूजे से मोहब्बत,
राधा कृष्ण की कहानी तो, इस जमाने में मशहूर हो गई।
रब का बनाया ही तो है, इश्क-ए-मोहब्बत,
मगर जब हमने की मोहब्बत, तो जाने क्यों गुनाह बन गई।।

इक तेरे सिवा

ना कटे दिन मेरे, गुजरे ना बिन तेरे ये रातें।

"इक तेरे सिवा"सनम, भायें ना किसी की बातें।।

मैं तन्हा अकेली खड़ी, साथ हैं बस तेरी यादें।

"इक तेरे सिवा" मेरे सनम, सुनी सुनी लगे ये राहें।।

दुआ भी मांगू तो बता, उस रब से क्या मांगू?

"इक तेरे सिवा", नाम दूजा लब पर आता नहीं।।

तेरे ख्यालों में रहना, अब तो मेरी आदत है।

"इक तेरे सिवा"ना कोई, बेचैन दिल की राहत है।।

Shayar1221
कुछ बातें दिल में दबाने पड़ते हैं,
कुछ आंसू भी छुपाने पड़ते है।।
रुठ ना जाए कहीं अपना कोई,
इसलिए कभी कभी.........,,
अपने सपने भी भुलाने पड़ते हैं।।

मुझे दुख देकर, तुम खुश होते हो क्या।
सच सच बताना..........,,,
मुझे रोता देख, तुम नही रोते हो क्या।।

जो बार बार कहता हो,
मैं तुम्हारा भला चाहता हूँ।
असल में उस से ज्यादा...,,
तुम्हारे लिए बुरा कोई नही चाहता।।

Kismaat..

Jo kismaat me hi na ho,

Unke pichhe bhagna...,,

bewakufi hoti hai.

Shayarifly ™ ★
Waqt..
Waqt use do,
Jo waqt ki kadar janta ho.

गुज़ारिश

बस इतनी सी गुज़ारिश है, मेरे खुदा तुझसे।

रूठे ना कभी, मेरी ये जिंदगी मुझसे।।

हर रोज खुशियों से भरा सुबह-शाम हो।

कर जाऊँ, मैं भी कुछ ऐसा.....,,

इस जहान में, मेरा भी एक पहचान हो।।

या मेरे मौला, मेरी गुज़ारिश तू मंज़ूर कर।

माफ मेरे खुदा, तू मेरा हर कुसूर कर।।

रास्ते का पता, ना मंजिल की खबर।
फिर भी ना जाने क्यों......,,
करना चाहती हूँ मैं सफर।

तेरा इश्क़ ख़ुदा की दुआ सा

चंद अल्फ़ाज़ो में बयां हो जाये,
ऐसी मोहब्बत नही है तेरी।
तेरा इश्क़ तो ख़ुदा की दुआ सा है,
जिस से ये सांसे चलती है मेरी॥
अब गवारा नही, दूर तुमसे रहना।
रुक जाए ना कही, धड़कन मेरी॥
तेरी पनाहों में महफ़ूज़ महसूस करती हूँ,
ख्वाहिश पहली और आखिरी हो तुम्ही मेरी।

नज़र ही नज़र में
नज़र ही नज़र में जाने ये क्या हो गया
मेरा दिल न जाने कब तेरा गुलाम हो गया
ना सोचा ना समझा........,,,
बस कह दिया, मुझे तुमसे प्यार हो गया

Shayar1221

भूल गई मैं तुमसे जुड़ी हर बात,
पर याद अब तक धुंधला धुंधला है।।

दूर जाने की कोशिश की हर बार,
पर ये शहर दूर कहाँ जाने देता है।।

सामने तो आओ

सामने तो आओ......,,, नजर भरकर तेरा दीदार करलूं।
सारी नाराज़गी भूलकर....,, तुम्हें जी भरकर प्यार करलूं।।

हाथ पकड़कर तेरा......,,, आज प्यार का इज़हार करदूँ।
इश्क़-ए-मोहब्बत में....,, ये जान तुम्हारे नाम करदूँ।।

दूर रह पाओ ना तुम.....,, तेरे दिल में इतना प्यार भर दू।
सामने तो आओ.....,,, ज़िस्म तो क्या ये रूह तेरे नाम कर दू।।

एक निवाला तेरी मोहब्बत वाला

मिल जाता गर मुझे, एक निवाला तेरी मोहब्बत वाला।
फिर क्या ही बात, ना होता मुझसा कोई क़िस्मत वाला।।

होता कुछ ऐसा, तेरे कदमों में चाँद तारे बिछा देता।
तेरे मन में जो भी शिकवे गिले हों, मैं उन्हें मिटा देता।।

कभी ना मैं तन्हा होता, ना तुम्हें अकेला रहने देता।
जमाना हो जाए गर खिलाफ, मैं हँसकर जमाना भुला देता।।

इश्क़ को महल में, हमारी दुनिया कितनी हसीन होती।
दुख की कोई जगह नही, गर तूझ से जुड़ी मेरी नसीब होती।।

इश्क़-ए-मोहब्बत में, तू मेरी वाली और मैं होता तेरा वाला।
मिल जाता गर मुझे, एक निवाला तेरी मोहब्बत वाला।।

छत से तुम्हें निहारें

मेरी तरसी अखियां,
हर रोज छत से तुम्हें निहारे।
आओगे तुम किसी दिन,
मन मेरा जीता इसी उम्मीद के सहारे॥

कभी हँसती हूँ, कभी रोती हूँ,
कभी याद करके तुम्हें, मैं सजाती हूँ।
क्या करूँ मैं, बताओ कुछ ऐसा,
जो हो जाओ तुम, सिर्फ हमारे॥

कभी आते हो कभी जाते हो।
कसूर क्या है मेरा, जो इतना सताते हो।
अब तुम आओ ना आओ,
इन नैनो का मैं क्या करूँ, जो छत से तुम्हें ही निहारे॥

पहली मोहब्बत......

कितना भी कोशिश करलूं भूलने की।
पर यादें उसकी, आ जाती ही हैं।।

उसकी बातों को याद करके, दिल दुखता है मेरा।
मगर क़भी मुस्कान, तो कभी आँखें भर जाती ही हैं।।

सोचती हूँ, वापस ना जाऊ दोबारा उस रास्ते।
पर कुछ बात है, जो क़दम वापस खिंच ले जाती ही हैं।

हर दुआ में तुम

साँसों में, धड़कन में, है तेरा ही बंसेरा, मेरे कण कण में।
मेरी दुनिया मेरी जन्नत, शामिल मेरी हर दुआ में तुम हो।

आँखों मे नमी तुमसे ही, होठों की हँसी भी तुम हो।
दर्दे-ए-दिल की बेचैनी, करार भी तुम हो।

संगीत की स्वर में, कलम की धार में तुम हो।
मेरी शायरी की हर, अल्फ़ाज में तुम हो।

सनम की गली

दिवानगी इस क़दर है चढ़ी,
छोड़कर सारी दुनिया दारी,
लो चली मैं सनम की गली।

गली में उनके, क्या खूब नज़ारे हैं,
ये लहरें, ये शाम हैं कहती,
आ जाओ यहाँ सब तुम्हारे है।

होकर मगन मैं, झूम के चली,
चली रे चली मैं सनम की गली।

बाँहे फैलाये, जुल्फे लहराए,
मन मे जाने कितने, सपने सजाये मैं चली,
लो चली मैं सनम की गली।

गुज़रती तन्हाई

पल पल तेरी याद दिलाती हैं, ये गुज़रती तन्हाई ।
गिला भी करूं तो किस से करूं तेरी, बता ओ हरजाई ।

भूल न पाई अब तक, जो कि तूने, मेरे साथ बेवफ़ाई।
या खुदा, है तुझसे मेरी गुज़ारिश, उसकी यादों से दे मुझे रिहाई।

दिल से ही तो हमने, मोहब्बत थी निभाई।
हां सायद भूल गई थी,
राहें-ए-मोहब्बत में अक्सर, लिखी होती है जुदाई।

प्यारी सी मुलाकात;

दिल कबसे बेचैन था मिलने को तुमसे,
अब आये जो तुम दिल को है चैन आया।

क्यों दूर खड़े हो भर लो अपनी बांहो में,
कर लो जी भर के प्यार, आज तो है मिलन
का दिन आया।

निगाहों से निगाहों को मिलने दो,दिल से दिल को
मिलने दो,
कितने इंतजार के बाद, है प्यारी सी मुलाकात
हमारे नसीब आया।

आज रंग जाने दो तुम्हारे रंग में,खुद को भी तुम
ना रोको सनम,
आज प्यार का ही तो है, दिन आया।

चूम लो मेरे होंठों को, मेहसूस करो मेरी सांसो को
केह रहीं हैं मेरी धड़कन खुश हो ना, आज तेरा मेहबूब है आया।

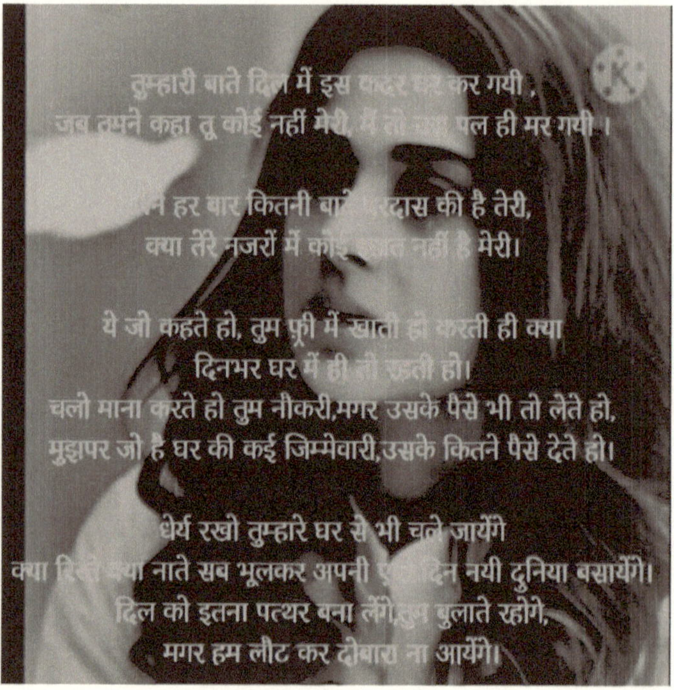

तुम्हारी बातें दिल में इस कदर घर कर गयी ,
जब तुमने कहा तू कोई नहीं मेरी, मैं तो उसी पल ही मर गयी ।

हर बार कितनी बार हरदास की है तेरी,
क्या तेरी नजरों में कोई इज्जत नहीं है मेरी।

ये जो कहते हो, तुम फ्री में खाती ही करती ही क्या
दिनभर घर में ही तो रहती हो।
चलो माना करते हो तुम नौकरी, मगर उसके पैसे भी तो लेते हो,
मुझपर जो है घर की कई जिम्मेवारी, उसके कितने पैसे देते हो।

धैर्य रखो तुम्हारे घर से भी चले जायेंगे
क्या दिल क्या नाते सब भूलकर अपनी एक दिन नयी दुनिया बसायेंगे।
दिल को इतना पत्थर बना लेंगे, तुम बुलाते रहोगे,
मगर हम लौट कर दोबारा ना आयेंगे।

मोहब्बत ही तो किया तुझसे,क्या गुनाह था मैंने किया
क्यूँ रास ना आई मोहब्बत मेरी प्यार का
ऐसा सिला दिया।
दर्द जो तूने दिया,तेरी किश्मत में भी लिखी जायेगी,
याद रख तेरे आँगन भी एक दिन बेटी आयेगी ।

जब जब याद आती है तेरी ,आखें भर जाती हैं मेरी।
तन्हाई में रोया करतीं हूँ,तस्वीरों को देख तेरी
मैं सोया करती हूँ ।
दियें हैं जो जख्म मुझे सोंच आखें तेरी भी भर जायेगी ,
जिस दिन तेरे आँगन भी एक बेटी आयेगी।

भोली-भाली नादान ,मैं उम्र की थी कच्ची ,
समझ ना पाई मान बैठी सारी वादे तेरी सच्ची।
तोड़े है जो वादे तुने ये बात एक दिन तुझे भी खायेगी,
याद रख तेरे आँगन भी एक बेटी आयेगी ।

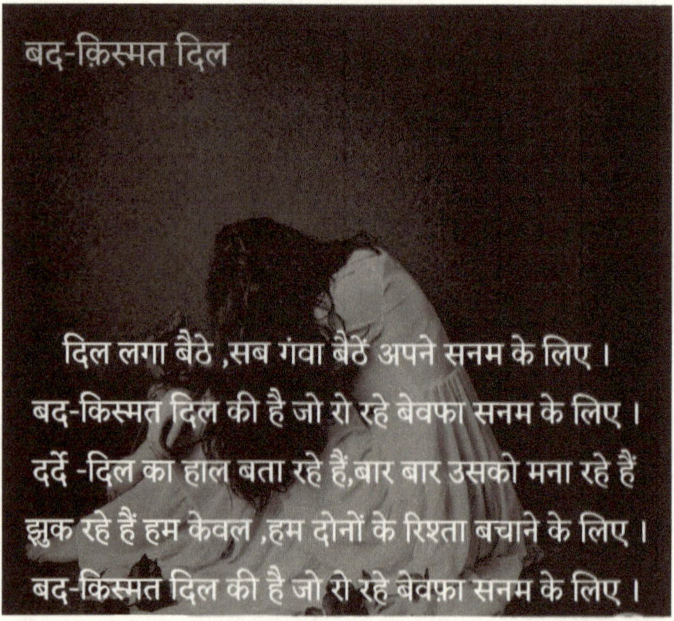

बद-क़िस्मत दिल

दिल लगा बैठे ,सब गंवा बैठे अपने सनम के लिए ।

बद-किस्मत दिल की है जो रो रहे बेवफा सनम के लिए ।

दर्दे -दिल का हाल बता रहे हैं,बार बार उसको मना रहे हैं

झुक रहे हैं हम केवल ,हम दोनों के रिश्ता बचाने के लिए ।

बद-किस्मत दिल की है जो रो रहे बेवफा सनम के लिए ।

बिन बोले ही

तू आदत सी बन गयी है मेरी ,

जो सपनों में भी अब आती है ।

तेरा सब समझ जाना मेरे बिन बोले ही ,

यही अदा तो तेरी मुझे भाती है ।

खुद को सम्भाल नहीं पाता मैं

जब तू अकेला छोडकर कहीं जाती है ।

पूछना है तुझसे एक सवाल,

तू क्या कोई जादूगरनी है?

जो मेरे दिल का हाल बिन बोले ही समझ जाती है ।

प्यार में सक और गुस्सा जायज है ।
पर सक इतना भी नही करना चाहिए ,
की रिस्ते टूटने की वजह बन जाये ।

वही दिन हैं वही रातें

वही दिन है वही रातें ....,,
बदली नही वही हैं तेरे लिए मेरी जज्बते।
बदला है कुछ ,तो वो तुम हो सनम,
जो तोड़कर गये सारी कसमे,वादे ।
तुने मुझसे मुह मोड़ लिया,
अकेला सुनी रातों मे तन्हा छोड़ दिया ।

मन का झरोखा

दिल की बगिया महक उठी उनके आने से ,

दृस्य कुछ इस तरह थीं........,,,

देखा जब झाँक कर मन के झरोखे से ।

खिल गयी लाल गुलाब,

सोये पंछी भी गये थे जाग ।

कोयल उनकी स्वागत में गीत गा रही हैं ,

भवरे जैसे कोई धुन गुनगुना रही हैं ।

कितना सुन्दर दृश्य था........,,

देखा जब मन के झरोखे से,

वृक्ष भी झूम रहे थे उनके आने से।

अकेली रातों को जगने लगी हूँ ,
टुट गई मैं इतना ....,,
अब अपनी परछाई से भी डरने लगी हूँ ।
सबने छोड़ दिया मेरा साथ ....,,
अब तो अपनी तन्हाई से ही बाते करने लगी हूँ ।
आईना देखती हूँ तो रो पड़ती हूँ ......,,
अब तो खुद को पेहचानने से भी इंकार करने लगी हूँ ।

तुम से बिछड़ कर

तुम से बिछड़ कर हम भी कहाँ जी रहे हैं
दर्द- ए- जुदाई का जहर हर वक़्त पी रहे हैं ।

खवाबों में तुझसे बाते किया करते हैं ,
अब तो तेरे यादों के सहारे ही जिया करते हैं ।

आज भी इंतजार कर रहे हैं कुछ पल ठहरकर,
भिड़ में भी अकेले चल रहे हैं तुम से बिछड़ कर।

Aap aaye the jindgi me bankar
aanjan 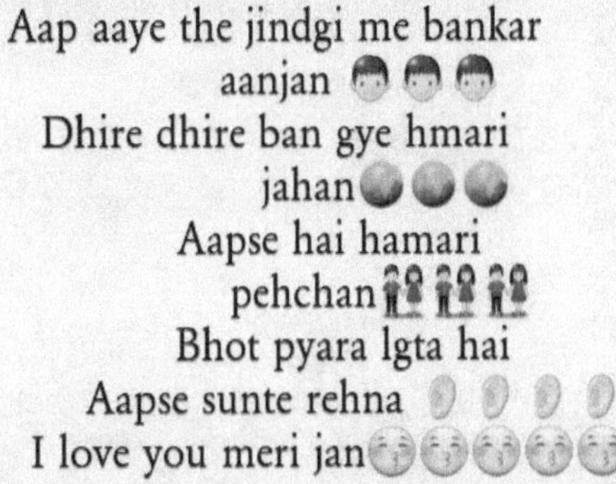
Dhire dhire ban gye hmari
jahan
Aapse hai hamari
pehchan
Bhot pyara lgta hai
Aapse sunte rehna
I love you meri jan

— sukriti singh

है रात काली काली ,
खड़ी राह में मैं अकेली ।
ढूँढने इस भीड़ मे गुम
अपनो को थी मैं चली ।
ठोकर खाकर गिर पड़ी
सँभालने ना आया कोई ।
कोई नही है अपना यहाँ,
किसके लिए हूँ मै खड़ी ।
जाकर तब समझ आया
धरती पर तो मैं आई ही अकेली ।
फिर किसके आस में मैं थी पागली चली ।
है रात काली काली ,
खड़ी राह में मैं अकेली ।

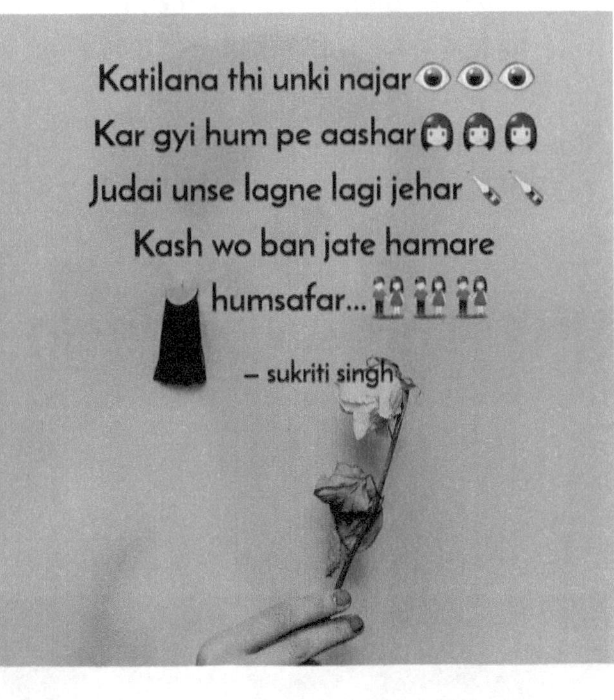

Katilana thi unki najar
Kar gyi hum pe aashar
Judai unse lagne lagi jehar
Kash wo ban jate hamare humsafar...
– sukriti singh

दिल से मजबूर

दूर जाना चाहता हूँ, इस मोह माया से।
पर दिल से मजबूर हूँ, बताओ क्या करूँ ?

मैं भी जीना चाहता हूँ, जिंदगी चैन से।
मग़र बोझ परिवार का, बताओ मैं क्या करूँ ?

सोचता हूँ भूला दूंगा, उसे जहन से।
दिल से मजबूर मैं, बताओ इस दिल का क्या करूँ ?

मोहब्बत के नशे में

मोहब्बत के नशे में ♥♥♥....!!
हम खो गये है ।
मेरी जान..., हम कबके तुम्हारे हो गये है ।
चढ़ गया है नशा जबसे मोहब्बत का,
जरूरत मेहसूस नहीं होती अब दौलत का ।
नशा तेरा सरेआम करते है,
कयोकि हम आपसे बेपनाह प्यार करते है ।

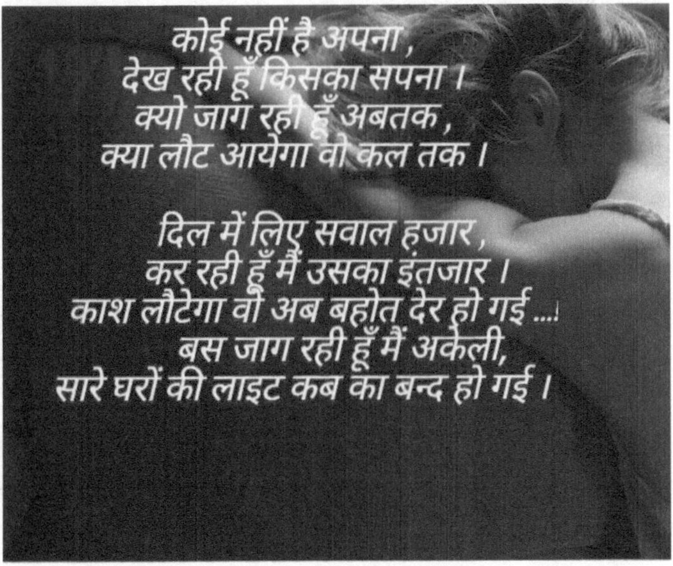

कोई नहीं है अपना ,
देख रही हूँ किसका सपना ।
क्यो जाग रही हूँ अबतक ,
क्या लौट आयेगा वो कल तक ।

दिल में लिए सवाल हजार ,
कर रही हूँ मैं उसका इंतजार ।
काश लौटेगा वो अब बहोत देर हो गई ....!
बस जाग रही हूँ मैं अकेली,
सारे घरों की लाइट कब का बन्द हो गई ।

बेग़ैरत

वफ़ा हमने तो टूटकर निभाई थी तुमसे।
बदले में तुमने, बेग़ैरत का नाम दे दिया।।

मिटाकर अपनी हवस, बेवफ़ा का इल्ज़ाम लगाया।
वाह जी वाह तुमने तो कमाल कर दिया।।

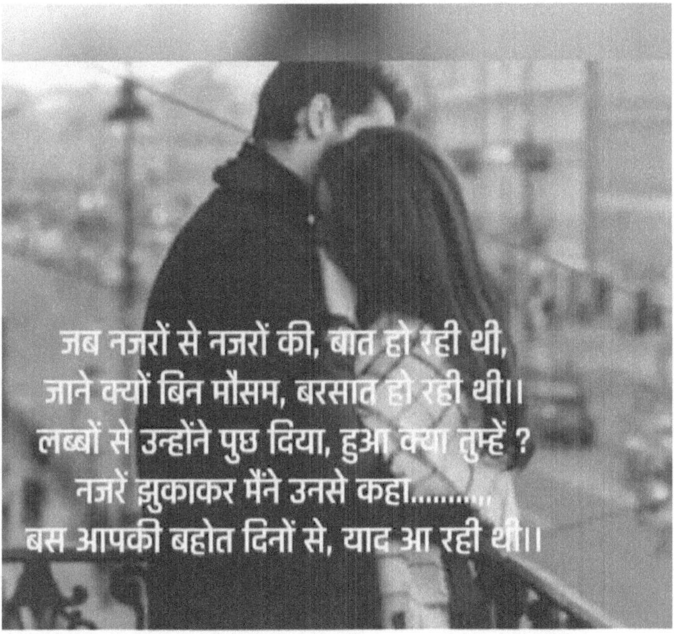

जब नजरों से नजरों की, बात हो रही थी,
जाने क्यों बिन मौसम, बरसात हो रही थी।।
लब्बों से उन्होंने पुछ दिया, हुआ क्या तुम्हें ?
नजरें झुकाकर मैंने उनसे कहा...........
बस आपकी बहोत दिनों से, याद आ रही थी।।

ज़रूरत नहीं मुझे
अब झूठे रिश्तों की।
मैंने अकेले जीना सीख लिया।।
सुक्रिया रुलाने वालों का,
मगर मैंने आँसू पीना सिख लिया।

— Sukriti (Dil ki diary)

Rest Zone

मैं हरपल तुमसे बेपनाह प्यार करूँगी,
तू मिले ना मिले..........♪♪♪♪
आख़िरी सांस तक तेरा इंतजार करूँगी।।

मेरे जैसा तुझे कोई और प्यार करे, तो बता देना।
जेहन में उसके हरपल तेरा ख्याल रहे, तो बता देना।।
उसके आने से गर लगे, मोहब्बत मेरी झूठी थी।
तो इस झूठी मोहब्बत की तुम, मुझे सजा देना।।

जीत कभी पहली या दूसरी नही होती।
छोटी सी जीत भी हासिल करना.......,,,,
अपनेआप में बड़ी बात होती है।।

जीते तो हम शान से,
माँ-बाप के भी नाम से हैं।
मगर अपनी पहचान बनाने की ख़ुशी,
सबसे अलग होती है।।

Shayar1221
किसी और से मैंने कुछ,
मांगा ही कब है।
मेरे लिए तो बस तुही, मेरा रब है।

दिल में भले दर्द है,
पर होठों पर मुस्कान रखती हूँ।
लाखों के भीड़ में मैं अपनी,
एक अलग पहचान रखती हूँ।।

Shayar1221
अपने गुस्से को कमजोरी नही।
ताकत बनाना सीखो.........,,,
तुम गिर कर हारना नही जितना सीखो।।

एह्सास दिलों में रहेगा

तू कल साथ रहे ना रहे.......,

दूर जाने के बाद भी तेरे।

साथ होने का अहसास दिल में रहेगा।।

टूट जाये रिश्तों की डोर गर।

कुछ प्यारी यादों की.......,,

अहसास दिल में रहेगा।।

कहना तो बहुत कुछ चाहता है।
ये दिल.........,,
पर सुनने वाला ही कोई नही है।।

खुलकर हँसना तो मैं भी चाहती हूँ।
पर डरती हूँ कहीं..........,,
मेरी हँसी को नज़र ना लग जाए किसी की।।

अब लौट भी आओ तो क्या

थी बेपनाह मोहब्बत तुमसे, दिल तूने मेरा तोड़ दिया,
कुछ दिन समय बिताया, फिर अकेला छोड़ दिया।।

मैं रोइ तन्हा रातों में, अब अकेले रहना सिख लिया।
तुम अधमरा सा छोड़ गए थे, मग़र मैंने तो जीना सीख लिया।।

क्या हुआ?, अब वापस आने की बात करते हो।
मुझसे जो हो गया, वो भूल जाने की बात करते हो।।

अब लौट भी आओ तो क्या, फिर से भरोसा दिला पाओगे?
जब पड़ चुके रिश्तों में दरारें, क्या वो दरारें भर पाओगे?

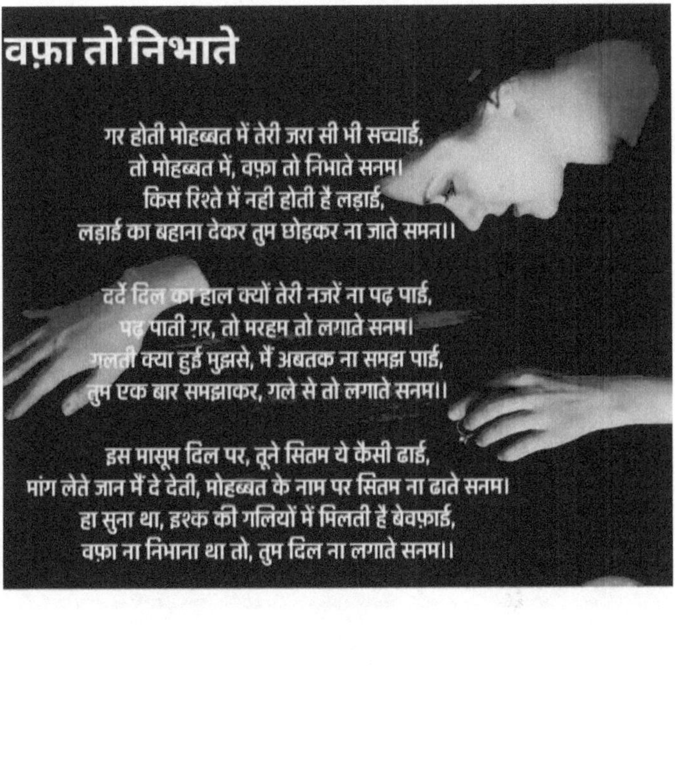

वफ़ा तो निभाते

गर होती मोहब्बत में तेरी जरा सी भी सच्चाई,
तो मोहब्बत में, वफ़ा तो निभाते सनम।
किस रिश्ते में नही होती है लड़ाई,
लड़ाई का बहाना देकर तुम छोड़कर ना जाते समन।।

दर्दे दिल का हाल क्यों तेरी नजरें ना पढ़ पाई,
पढ़ पाती ग़र, तो मरहम तो लगाते सनम।
गलती क्या हुई मुझसे, मैं अबतक ना समझ पाई,
तुम एक बार समझाकर, गले से तो लगाते सनम।।

इस मासूम दिल पर, तूने सितम ये कैसी ढाई,
मांग लेते जान मैं दे देती, मोहब्बत के नाम पर सितम ना ढाते सनम।
हा सुना था, इश्क की गलियों में मिलती है बेवफ़ाई,
वफ़ा ना निभाना था तो, तुम दिल ना लगाते सनम।।

यहाँ बैठ हम घण्टो बात किया करते थे।
बात उस समय की है.........,,,,
जब तुम हमारे और हम तुम्हारे हुआ करते थे।।

तुम आदत तो नही मेरी जो बदल जाओगे

तुम खुदा हो मेरे, दोस्त थोड़े हो जो रूठ जाओगे।
नशा हो मेरे, तुम आदत तो नही जो बदल जाओगे।।

तुम आँखे हो, काजल थोड़े हो जो मिट जाओगे।
तुम मुस्कुराहट हो, आँसू तो नही जो बह जाओगे।।

तुम आसमा हो, बादल थोड़े हो जो बरस जाओगे।
तुम आत्मा हो, सांसे तो नही जो रुक जाओगे।।

तुम नदी हो, कमल थोड़े हो जो मुर्झा जाओगे।
तुम सच्ची मोहब्बत हो, जो मरके भी याद आओगे।।

अक्सर धोखा वही देते हैं।
जिनपर हम आँख मूंदकर,
भरोसा करते हैं....।।

जीना इसी का नाम है

कभी अंधेरी रात, तो कभी सुहानी शाम है।
कमबख़्त ये जिंदगी, ना किसी की गुलाम है।।

देती कभी उतना कहाँ, जिसके हम हक़दार है।
दर्द दिल में है भरा, फिर भी होंठों पर झूठी मुस्कान है।।

गर खुशी है आज मिली, तो पिना कल ग़म के भी जाम है।
पाकर खोना, खोकर पाना जीना इसी का नाम है।।

जिंदगी देगी साथ कबतक, इस बात से सब अनजान हैं।
हर पल बस खुलकर जिले, क्योंकी जीना इसी का नाम है।।

रिश्ते बनाना आसान होता है,
मगर निभाना.....,,,,
बहोत ही मुश्किल।

नासमझी

लगाकर दिल, करके मुझे पागल वो दूर जाने की बात करते हैं।
अब मन भर गया उनका तो मुझसे, खुद को भूल जाने की बात करते हैं।

मेरे इतने करीब आकर, प्यास बुझा लिया अपने तन की।
और फिर आसानी से कह दिया, प्यार नहीं वो थी मेरी "नासमझी"॥

वो रहते हैं हर पल दुआओं में

ऐसा कोई दिन नही, जो वो ना हो मेरे यादों में,
आंख मूंद जब भी देखू, वो ही दिखे मेरे सांसो में।

दूर होने से उनके, कोई कमी के नही मेरे मोहब्ब्त में,
ये बात तो दिल को ही पता है, वो ही बसे है मेरे रग-रग में।

मेरी कोई चाहत नही, मिलता सुकूँ बस एक उनकी ही बांहो में,
इसलिए रब से जब भी मांगा, उन्हें ही मांगा मैने दुवाओं में।

कम होती ही नहीं धूप तेरे विरह की।
रहता हर रोज इंतजार तुमसे मिलन की।।

शाम सुबह तपती हूँ, तेरे विरह की धूप में सांवरिया।
अब तो रहता है, इंतजार बस प्यार के सुबह की।।

ना चैन है ना करार है, बिन तेरे मेरा जिया बेक़रार है।
आ जाओ गर तुम, बूझ जाये लगी है जो आग विरह की।।

नैना अब थक गई रोते-रोते, तरस गयी हैं दीदार को तेरे।
करलूं जो दीदार तेरा, सुख जाये आंसू मेरे नयन की।।

देखकर ढाकिये को दौड़ती, कबूतरों से भी बातें करती हूँ।
पूछती हूँ हर रोज उनसे ,क्या आई है खत मेरे सनम की।।

बेगाने भी वही होते हैं।
जो कभी.........,,
अपने होने का दावा करते हैं।।

इतना करीब आकर, मेरी धड़कने बढ़ाया ना करो।
हो जाये ना कोई गुनाह, आग लगाकर दिल में तुम
मुस्कुराया ना करो।।

ये बारिशें तेरे होने का एहसास दिलाती है।
इनके बूंद जब तन को छूती हैं..........,,,
तो तेरे छूने का एहसास दिलाती है।।

तेरा प्यार भी अक्सर मुझे ऐसे ही सताता है।
कभी बिन मौसम ही बरसता......,,,
तो कभी एक-एक बूंद के लिए तरसाता है।।

बदल गए अब वो भी,
जो.............,,,
क़भी ना बदलने की बात,
किया करते थे।

:रात और तन्हाई::

अकेलेपन में "रात और तन्हाई" अक्सर ये शोर करती हैं।
तेरा भी एक वजूद है. मुझसे ये चीख चीख कर कहती हैं।।

तू एक बेटी है इसे अपनी कमजोरी नहीं, ताकत बनाना सीख।
गिरकर रोना नहीं, तू वापस उठकर मुस्कुराना सिख।।

तू लाचार नहीं, कहती हैं मुझसे ये रात और तन्हाई।
हे नारी सुन......, तू तो है जगत जननी माँ दुर्गा की परछाई।।

ज़िन्दगी का सिलसिला रुकता नहीं

दिल टूट तो जरुर जाता है, किसी के जाने से।
मगर जिंदगी का सिलसिला रुकता नहीं,
किसी के जाने से।।

आँखें रोती तो जरुर हैं, किसी खास के ना होने से।
मगर जिंदगी का सिलसिला रुकता नहीं,
किसी के जाने से।

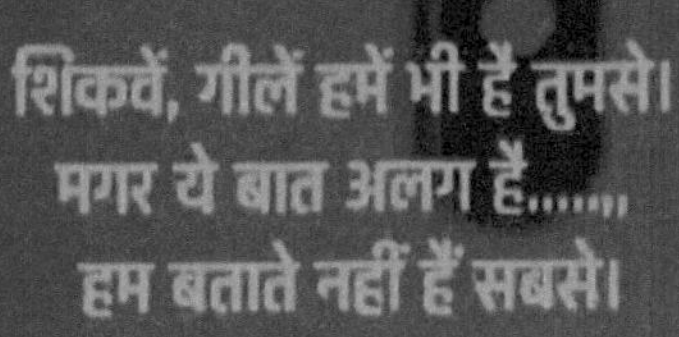

शिकवें, गीलें हमें भी है तुमसे।
मगर ये बात अलग है.....,,
हम बताते नहीं हैं सबसे।

मोहब्बत से बड़ी होती है इज़्ज़त,
मोहब्बत ना मिले तो जी सकते हैं।
पर इज़्ज़त ना मिले तो.......,,,
जिंदगी किसी काम की नही होती।

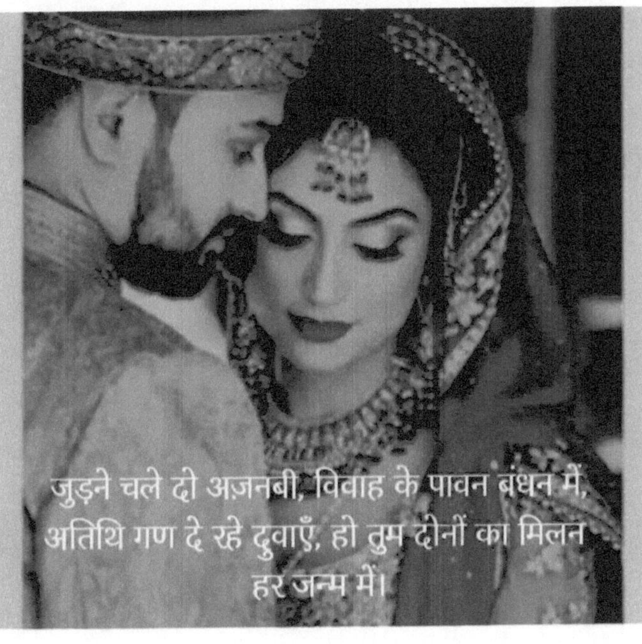

जुड़ने चले दो अज़नबी, विवाह के पावन बंधन में,
अतिथि गण दे रहे दुवाएँ, हो तुम दोनों का मिलन
हर जन्म में।

थोड़ा क़रीब आकर, तेरे ज़िस्म की ख़ुशबू महसूश करलूं।
आ मेरे पास.......,,,तुझे अपना बनाकर, अपनी क़िस्मत को थोड़ा
ख़ुशनसीब करलूं।

गुमनाम रहने दो

वफ़ा का ऐसा अंजाम ना दो........,,
मैं कोई मुसाफिर नहीं..........,,,
मुझे अज़नबी होने का इल्जाम ना दो।
मैं तो तेरा आशिक दीवाना हूँ.........,,
गुमनाम ही रहने दो मुझे,
यूं बेवफ़ा का नाम ना दो।।

आज हूँ तो इतरा रही हो...........,,
बात करने को तड़पा रही हो।
अब तो रहम करलो..........,,
मोहब्बत करने की सज़ा, सरेआम ना दो।
गुमनाम ही रहने दो मुझे।
यूं बेवफ़ा का नाम ना दो।।

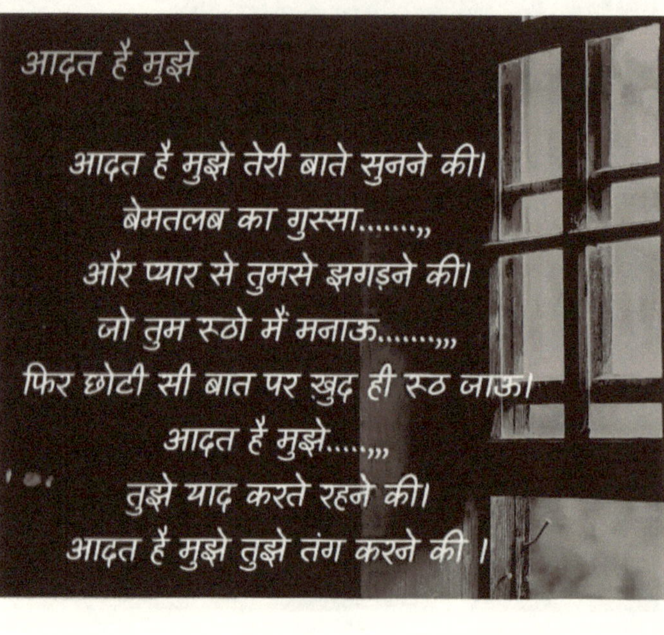

आदत है मुझे

आदत है मुझे तेरी बाते सुनने की।
बेमतलब का गुस्सा.......,,
और प्यार से तुमसे झगड़ने की।
जो तुम रूठो मैं मनाऊ.......,,
फिर छोटी सी बात पर खुद ही रूठ जाऊ।
आदत है मुझे.....,,
तुझे याद करते रहने की।
आदत है मुझे तुझे तंग करने की ।

सब कुछ बेहतर लगता है

जब कोई दिल को अपना लगता है।
सोये पड़े मन में हलचल होता है,
आँखों में उसके नाम का सपना सजता है।
बस किसी एक खास के आने से......,,
सब कुछ बेहतर लगता है।

श्रृंगार तेरे नाम का किये.......
होंठों पर मुस्कान लिए खड़ी हूँ।
आयेगा तू किसी ना किसी दिन....
दिल में ये अरमान लिए खड़ी हूँ।

कुछ अधूरी, तो कुछ पूरी हूँ।
तू मेरे लिए जरूरी, तो मैं तेरे लिए जरूरी हूँ।
लाखों के भीड़ में मैं, बिन तेरे अकेली हूँ।
जो सुलझा ना सके हर कोई, मैं वो पहेली हूँ।

तुम्हारी बाहें

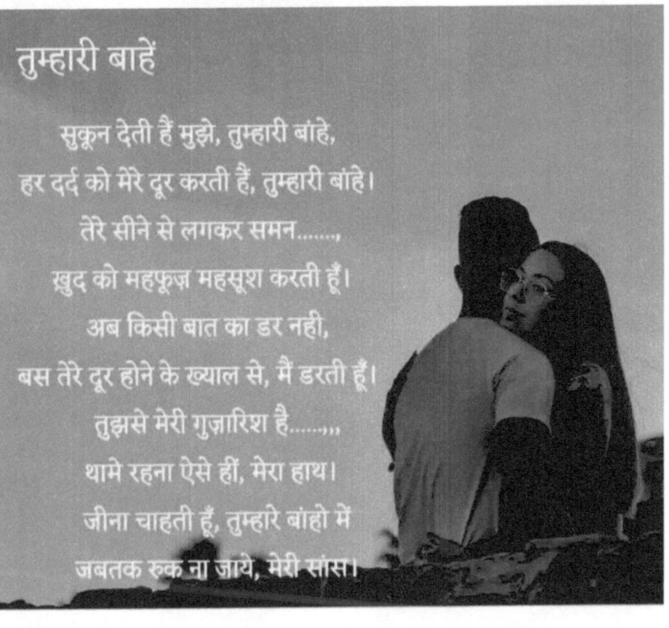

सुकून देती हैं मुझे, तुम्हारी बांहे,
हर दर्द को मेरे दूर करती हैं, तुम्हारी बांहे।
तेरे सीने से लगकर समन.......,
खुद को महफ़ूज़ महसूश करती हूँ।
अब किसी बात का डर नही,
बस तेरे दूर होने के ख़्याल से, मैं डरती हूँ।
तुझसे मेरी गुज़ारिश है.......,,,
थामे रहना ऐसे हीं, मेरा हाथ।
जीना चाहती हूँ, तुम्हारे बांहो में
जबतक रुक ना जाये, मेरी सांस।

"वादा पिया से"

प्यार में हद से अब, मैं गुज़र जाऊंगी......,,
किये जो वादे पिया तुमसे, हर जन्म में निभाऊंगी।

तू कहे तो जग सारा, मैं भूल जाऊँगी......,,
किये जो वादे पिया तुमसे, हर जन्म में निभाऊंगी।

खाई कसम ख़ुदा की, टूटकर मैं तुमको चाहूँगी,
बनके खुसबू तेरे ज़िशमो जा में बस जाऊँगी।

सपनों से सुंदर, आशियाना मैं सजाऊँगी,
जो रूठ जाए तू कभी, मैं प्यार से तुमको मनाऊँगी।

भूले चाहे तू मुझको, मैं ना भूल पाऊँगी
बनके मीरा, मेरे श्याम तुमको मन में बसाऊंगी।

बिन कहे

मेहबूब वही जो अपना, दिल और जान अपने महबूबा के नाम कर दे।
इज़हारे-ए-मोहब्बत में "बिन कहे", सब कुछ आँखों से बयां कर दे

गर कभी चोट मुझे लगे, इस कदर रूह में बस जाये,
"बिन कहे" दर्द-ए-दिल का हाल पढ़ ले।

रुलाये, सताये, मैं रुठ जाऊ जो कभी उस से...,,
"बिन कहे" ग़लती अपनी मानकर, प्यार से मुझे मनाये।

भरोसा इतना गहरा हो, किसी की बातों में आकर सवाल मुझसे ना करें,
"बिन कहे"मेरी बातों को समझे और मेरे लिये किसी से भी भीड़ जाये।

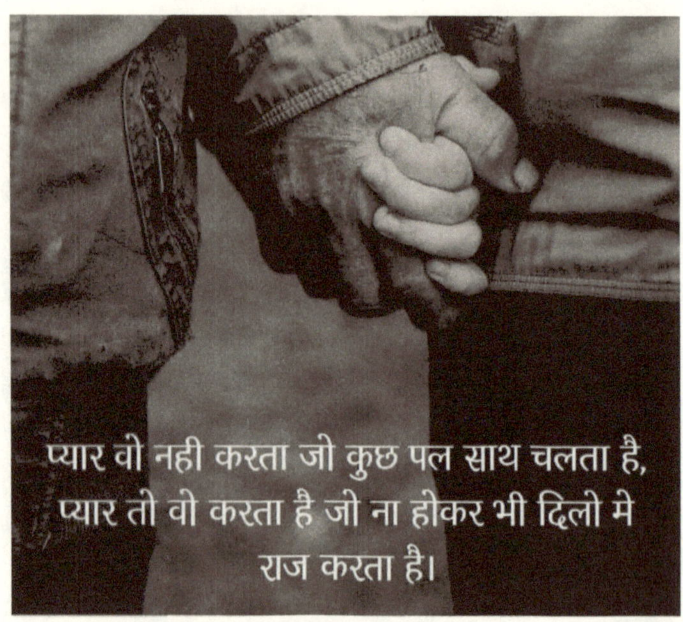
प्यार वो नही करता जो कुछ पल साथ चलता है,
प्यार तो वो करता है जो ना होकर भी दिलो मे
राज करता है।